AF332163

LOUIS LEGER

MEMBRE DE L'INSTITUT

LA VIE ACADÉMIQUE

DES

YOUGOSLAVES

QUESTIONS CONTEMPORAINES

N° 24

LIGUE DES UNIVERSITAIRES SERBO-CROATO-SLOVÈNES
9, Rue Michelet, 9
PARIS
1921

LOUIS LEGER

MEMBRE DE L'INSTITUT

LA VIE ACADÉMIQUE

DES

YOUGOSLAVES

QUESTIONS CONTEMPORAINES

Nº 24

LIGUE DES UNIVERSITAIRES SERBO-CROATO-SLOVÈNES
9, Rue Michelet, 9
PARIS
1921

La Vie Académique des Yougoslaves

Au moment où la Yougoslavie apparaît sur la scène des États européens, il n'est pas sans intérêt de rechercher quels éléments de culture elle possède et quelles sont chez elle les conditions de la vie intellectuelle et universitaire. De ses trois capitales, Zagreb (Agram), Belgrade et Lioubliana (Laybach), deux seulement possèdent des établissements d'enseignement supérieur. Lioubliana maintenue dans la servitude intellectuelle de Vienne et de Graz avait sans résultat sollicité une Faculté de droit, que le gouvernement autrichien s'est obstiné à lui refuser (1). Zagreb a été plus heureux. Il a été doté il y a une quarantaine d'années d'une Université nationale, où l'enseignement se donne en langue croate ou serbe. Cette Université ne compte jusqu'ici que trois facultés : Théologie, Droit, Philosophie. Elle possède une bibliothèque de 150.000 volumes pourvue d'une dotation annuelle de 20.000 couronnes. Elle comptait en 1913-1914 une population scolaire de 1.045 étudiants. La ville possède en outre de riches archives, un musée, un observatoire. A côté de l'Académie Sud-slave, signalons encore une Société archéologique et une Société des sciences naturelles.

L'Université de Belgrade n'a pas non plus de Faculté de médecine (2). Elle comptait avant la guerre 1.167 étudiants (3). A l'Université était adjointe une section technique. Dans la Bibliothèque Nationale, mise à mal par la guerre, étaient conservés 150.000 volumes. La ville comprend

(1) Si je suis bien informé, une Université vient d'être créée à Lioubliana.
(2) Dernièrement ont été créées trois nouvelles Facultés, de sorte que l'Université de Belgrade en a maintenant six : Lettres et Sciences (Philosophie), Droit, Technique, Médecine, Agriculture, Théologie.   N. D. L. R.
(3) Au mois de janvier 1920, il y en avait 5.972.   N. D. L. R.

deux musées dont un d'art et d'archéologie nationale. Il y avait en outre une Académie royale, qui a récemment repris son action.

I

L'Académie Sud-slave de Zagreb.
(Jugoslovenska Akademija Znanosti i Umetnosti
Académie Yougoslave des Sciences et des Beaux-Arts.)

Parmi les Académies slaves, celle de Zagreb, qui s'appelle sud-slave, était la première en date de l'État Austro-hongrois après la Société royale des Sciences de Prague, qui remonte au XVIIIe siècle. J'ai assisté à sa naissance, j'étais présent à sa séance d'ouverture. Son illustre fondateur, l'évêque Strossmayer, honora ma jeunesse d'une bienveillante amitié (1).

Du jour où la nation croate se réveilla à la vie politique et littéraire, elle éprouva le besoin de concentrer dans une société savante son énergie intellectuelle. En 1836, à une époque où la Diète nationale tenait encore ses séances en latin, sous la rubrique *de promovenda cultura linguæ nationalis*, elle émit le vœu de créer une société savante (*erudita societas*). Mais ce vœu n'aboutit pas à la constitution d'un corps académique.

Il fallut se contenter de la création d'une *Malitza* ou Société coopérative pour la publication de livres scientifiques ou populaires. C'était l'époque de l'*illirisme*. La *Malitza*, fondée en 1842, prit le titre d'*illirska*, qu'elle a dû abandonner depuis devant les susceptibilités du gouvernement autrichien. Elle ne devait pas seulement publier des livres populaires mais aussi des éditions nouvelles ou des réimpressions des poètes classiques de l'école ragusaine. Elle continue encore aujourd'hui sa féconde activité sous le nom de *Malitza Croate*. Une de ses publications les plus

---

(1) Voir dans *Le Monde Slave*, 2e éd. (Paris, Hachette, 1879), les études intitulées : *Agram et les Croates, Un évêque slave*, ainsi que le récent volume : *Serbes, Croates et Bulgares* (Maisonneuve, 1913).

utiles a été, il y a quelques années, celle de l'histoire croate de M. Smičiklas. Parmi les traductions des littératures étrangères je rappellerai simplement celle de l'*Histoire de l'Orient*, de notre regretté collègue Maspero. Cette société, qui a compté jusqu'à 12.000 souscripteurs, a aujourd'hui dépensé plus de deux millions et publié près de trois cents volumes originaux ou traduits.

En 1850 l'historien Kukuljević Sakcinski fonda la *Société historique*, qui publia un *Archiv* fort intéressant et prolongea son existence jusqu'à l'année 1875, où elle s'effaça devant l'Académie Sud-slave.

L'homme qui prit l'initiative de cette Académie, ce fut l'illustre évêque de Diakovo, Mgr Strossmayer. Fort riche des revenus de son diocèse, il a consacré toute sa fortune à des œuvres de bienfaisance ou d'intérêt national.

Il n'était pas de ces patriotes étroits qui ne savent point perdre de vue leur clocher. Il embrassait dans une même sympathie les Croates catholiques, les Serbes orthodoxes ou même musulmans et les Bulgares. Il désirait élever au plus haut degré de culture ces compatriotes dont quelques-uns venaient à peine d'échapper au joug ottoman, dont un certain nombre lui étaient encore soumis. En 1860, il réunit quelques patriotes et leur annonça qu'il était prêt à sacrifier 50.000 florins (plus de cent mille francs au cours de cette époque) comme premier fonds d'une souscription nationale dont il demandait l'ouverture pour l'établissement d'une Académie. A cette somme il joignit, peu de temps après, 20,000 florins et déclara qu'il faisait don à la future institution de sa galerie de tableaux estimée 200,000 florins. De 1860 à 1866 on réunit des sommes dont le total s'élevait à 400,000 florins. En 1861 la Diète du royaume triunitaire (Croatie, Slavonie, Dalmatie) (1) avait pris une résolution déclarant que le futur institut aurait pour objet de cultiver et de développer les sciences et les arts dans les pays des

***

(1) La Dalmatie fait en principe partie de ce groupe. Mais en réalité elle appartenait à la Cisleithanie et envoyait ses députés au Parlement de Vienne.

Slaves méridionaux, parmi les Croates, les Serbes, les Slovènes et les Bulgares.

Toutes les Académies de l'État Austro-hongrois avaient un *protecteur*, c'est-à-dire un personnage officiel qui les représenta vis-à-vis de l'État et des souverains et qui était censé veiller sur leurs intérêts scientifiques et matériels. L'évêque Strossmayer fut le premier protecteur de l'Académie Sud-Slave. Mais pour mettre en train la nouvelle institution, il fallait un vigoureux collaborateur. L'évêque eut la bonne fortune de le rencontrer dans la personne de son ami, le chanoine Rački, historien distingué.

La vie de ce savant patriote a été écrite dans notre langue par un de ses compatriotes, M. Zagorski (1). Je ne puis que renvoyer le lecteur à cette consciencieuse monographie. Le chanoine Rački exerça la présidence de 1867 à 1886. A cette époque, pour des raisons politiques, son mandat ne lui fut pas renouvelé.

En juillet 1867, j'assistai, comme je l'ai dit, à la séance d'inauguration de la nouvelle Académie. La solennité avait attiré un grand nombre de Serbes de la Principauté et parmi eux Georges Daničić (prononcez : Danitchitch). Il était né en 1825 à Novi Sad, la capitale intellectuelle des Serbes de la Voïvodie (la Hongrie méridionale) ; après avoir étudié à Vienne avec Karadjitch et Miklochitch, il était passé au service du gouvernement de Belgrade, était devenu bibliothécaire, secrétaire de la Société des sciences et professeur de littérature slave au lycée. Daničić fut le premier secrétaire de l'Académie, où il était le véritable représentant de la solidarité intellectuelle des Serbes et des Croates.

Sous la vigoureuse impulsion de ces deux travailleurs, l'Académie a publié (2) plusieurs centaines de volumes, qui se décomposent ainsi :

Mémoires (Rad), environ 200 volumes.

Les anciens écrivains croates, 25 volumes.

---

(1) Ce travail est une thèse de doctorat d'Université soutenue à la Sorbonne il y a quelques années.
(2) Jusqu'au début de l'année 1914.

Anciens textes, 35 volumes.

Monumenta spectantia historiam Slavorum meridionalium, 35 volumes.

Monumenta historico-juridica Slavorum meridionalium, 10 volumes.

Recueil de Folklore sud-slave, 100 volumes.

Codex diplomaticus des royaumes de Croatie, Dalmatie et Slavonie, 10 volumes.

Dictionnaire de la langue croato-serbe. Ce dictionnaire avant la guerre était arrivé à la lettre P et comprenait déjà 8 volumes.

Matériaux pour l'histoire de la littérature croate, 7 volumes.

En dehors de ces publications, dont la série est loin encore d'être épuisée, l'Académie a fait paraître une trentaine d'ouvrages isolés parmi lesquels je citerai seulement les suivants:

A Pavić, *Histoire du drame à Raguse* (1871).

F. Rački, *La conjuration du ban Pierre Zrinski et de Frankopan* (1873).

V. Bogišić, *Recueil des usages juridiques des Slaves méridionaux* (1).

E. Theiner, *Vetera monumenta Slavorum meridionalum, historiam illustrantia* (Deuxième volume. Le premier volume avait paru à Rome en 1875).

G. Daničić, *Les racines de la langue serbo-croate.*

T. Maretić, *Histoire de l'orthographe croate en caractères latins.*

T. Smičiklas, *Le deuxième centenaire de la libération de la Slavonie.*

T. Smičiklas, *La vie et les œuvres de Rački.*

Kukuljević Sakcinski, *Regesta documentorum regni Croatiæ Dalmatiæ et Slavoniæ.*

T. Smičiklas, *La vie et l'œuvre de l'évêque Strossmajer.*

Maretić, *Notre poésie épique.*

L'Académie a, en outre, acquis la propriété d'un certain

---

(1) On sait en quelle estime notre regretté confrère, M. Dareste, tenait l'auteur de ce volume, qui fut correspondant de l'Académie des Sciences morales et politiques.

nombre de publications antérieures à sa fondation, notamment celles de Daničić, parmi lesquelles figure son *Dictionnaire de l'ancienne langue serbe*, édité à Belgrade en 1863.

L'Académie publia, en outre, à des intervalles irréguliers, une *Chronique* qui correspond aux annuaires de certaines sociétés savantes. Le dernier volume que j'ai sous les yeux a paru en 1913. Il nous apprend que depuis sa mort, le protecteur, l'évêque Strossmayer, n'a pas été remplacé.

Il nous donne ensuite la liste des membres, le résumé des procès-verbaux, des séances des diverses sections et le compte rendu de la séance annuelle qui s'est tenue le 3 avril 1913. Les revenus de l'Académie se sont élevés à 101.972 couronnes, soit, au cours de l'époque, à environ 120.000 francs. Les dépenses n'ont été que de 87.991 couronnes, soit un excédent de 14.000 couronnes environ. Dans son discours, le président, M. Thadée Smitchiklas, annonce que l'Académie a l'intention de publier les protocoles ou comptes rendus des anciennes Diètes du royaume et d'éditer une Encyclopédie Sud-slave en collaboration avec l'Académie Serbe de Belgrade.

A cette entreprise encyclopédique devaient être associés les Slovènes et les Bulgares. Dieu sait quand elle pourra être reprise. On ne peut relire sans un sentiment de profonde mélancolie les dernières lignes du discours de M. Smitchiklas : « Espérons, disait-il, que dans les sanctuaires serbes et bulgares retentiront bientôt les paroles : « Gloire à Dieu dans les cieux et paix sur la terre ». Et alors nos Académies fraternelles de Serbie et de Bulgarie reprendront le travail de l'Encyclopédie Sud-slave. »

Hélas ! après les violences commises par les Bulgares en Serbie, l'Académie de Belgrade pourra-t-elle jamais se remettre à travailler de concert avec l'Académie voisine de Sofia ?

II

L'Académie des Sciences de Belgrade.
(Srpska Kraljevska Akademija Nauka
Académie Royale Serbe des Sciences.)

En 1842 fut fondée à Belgrade une Société de littérature serbe. En 1847 elle publia le premier volume de ses Mémoires sous le titre *Glasnik Druślva srbske slovesnosti* (*Le Messager de la Société de littérature serbe*). Les premières années de cette publication sont naturellement fort rares (1). Le premier volume expose les modestes origines de l'institution.

Ce furent des professeurs du lycée de Kragouïévats, alors capitale de la Serbie, qui eurent l'idée de fonder une association qui aurait pour objet de perfectionner la langue nationale et de répandre le goût des sciences dans le peuple serbe, alors terriblement illettré. Quand la capitale de la Principauté fut transportée à Belgrade, les séances s'y tinrent. A la fin de l'année 1842, les statuts de l'Association furent approuvés par le prince régnant, Alexandre Karageorgevitch, qui nomma les premiers membres ordinaires et, le 8 juin suivant, inaugura solennellement la Société, dont le premier président fut Paoun Iankovitch et le premier secrétaire Constantin Brankovitch. Le premier volume du *Glasnik*, imprimé à l'Imprimerie Princière de Belgrade, porte la date de 1847. Il est composé avec l'orthographe slavonne russe, antérieure à la réforme de Karadjitch. Il débute par les statuts de la Société. Il donne des études de grammaire, puis des œuvres littéraires originales ou traduites, en vers et en prose. Je reproduis le titre d'une des poésies dans toute sa naïveté : « A l'illustre protecteur de la Société des Lettres serbes, Monseigneur le prince de Serbie, Alexandre Karageorgevitch, à l'occasion de la collation de l'Ordre de Sainte-Anne de première classe, par l'Empereur de Russie ». Un

(1) J'ai eu la bonne fortune de les acquérir pendant un séjour à Belgrade en 1867 ; ma collection, qui est peut-être la seule existante en France, doit aller, avec més autres livres slaves, à la Bibliothèque Thiers, propriété de l'Institut.

morceau en prose est consacré à la définition du savant, dont le rôle était assez nouveau dans la jeune société serbe. Deux études historiques ont pour objet le rôle de l'alphabet cyrillique dans les pays autrichiens, les destinées de l'Église serbe dans les pays turcs et les raisons pour lesquelles les Serbes de Bosnie se sont convertis au mahométisme en plus grand nombre que leurs congénères de Serbie et d'Herzégovine. Viennent ensuite une étude sur le Monténégro et sur les Monténégrins et sur l'état de l'instruction publique dans la Principauté. On comptait alors en tout 5.891 élèves pour une population évaluée à 950.000 habitants, ce qui n'était pas même 1 pour 100 de la population. Le volume se termine par un certain nombre de documents sur l'histoire et l'état actuel de la Société.

Sur la liste des membres et des correspondants, je vois figurer, parmi ces derniers, le poète slovaque Kollar, le publiciste croate Gaj, l'archéologue tchèque Šafarik. Vient enfin une bibliographie des livres imprimés à Belgrade au cours des années 1845 et 1846. Je note en passant le *Dictionnaire français-serbe* d'Isaïlovitch, publié en 1846. Dès ce moment l'attention des Serbes commence à se tourner vers notre pays, où ils envoient des étudiants, surtout pour le droit et la médecine. Deux d'entre eux, Iankovitch et Grouitch, publieront en 1862 l'une des premières monographies françaises de leur pays. Parmi les publications de l'année 1844, j'en note une qui constitue un document fort intéressant pour l'histoire de la Serbie. C'est un *Dictionnaire géographique et statistique de la Serbie* par Iovan Gavrilovitch. Malheureusement je ne l'ai pas eu sous les yeux.

Le dernier article est un coup d'œil sur la vie littéraire des peuples slaves, qui passe en revue les principales publications de la Russie, de la Bohême, des pays slovaques, de la Pologne, de la Croatie et de « ces chers frères et voisins les Bulgares » (*sic*), qui n'ont pas encore d'imprimerie dans leur pays et qui sont réduits à imprimer leurs livres à Belgrade, Odessa, Prague, Paris, Leipzig. L'article se termine par quelques lignes sur les Carnioliens, qui ne sont pas encore

désignés sous le nom ethnique de Slovènes, et par la mention
de deux ouvrages indispensables à tous ceux qui s'occupent
de philologie slave : le recueil publié par le Serbe de Lusace
Jordan *Jahrbücher für Slavische Literatur* et l'ouvrage de
Miklochitch *Radices linguæ slavenicæ veteris dialecti*, publié
à Leipzig en 1855.

Jusqu'à l'année 1864 la Société de littérature serbe avait
publié 17 volumes ; le 27 janvier 1864 son existence fut
suspendue par un ukaze du Prince et elle fut transformée
en Société des Sciences ou, plus exactement, Société Scientifique (*Učeno Društvo*). La Société était désormais divisée
en quatre sections : A) Sciences morales, philologiques et
littéraires ; B) Sciences naturelles et mathématiques ;
C) Sciences historiques ; D) Beaux-Arts.

La nouvelle Société, renforcée de membres distingués,
tels que Jagić, Daničić, Novaković et d'autres, joua un rôle
brillant et utile jusqu'au jour où la Serbie, érigée en royaume,
éprouva le besoin de la transformer en Académie. Cette
transformation fut opérée par la *Skoupchtina* vers la fin
de l'année 1886. Désormais l'Académie se composait de
trente membres répartis en quatre sections. Elle publiait
chaque année un *Annuaire* contenant le compte rendu de
ses séances, celui de son budget, qui, dans ces derniers temps,
s'élevait à environ 60.000 francs — sans compter les fonds
considérables mis à sa disposition par de nombreux mécènes
et dont le capital s'élevait à plusieurs centaines de mille
francs.

La loi a mis sous la tutelle de l'Académie trois établissements nationaux : La Bibliothèque Nationale, le Musée
national et le Musée ethnographique serbe, particulièrement
intéressant au point de vue de l'histoire naturelle et de
l'ethnographie.

Les publications de l'Académie forment plusieurs séries :

1º *Comptes rendus* (*Glas*).

2º *Mémoires.*

3º *Recueil d'ethnologie serbe.*

Dans cette collection ont paru notamment : *La vie du*

paysan serbe, par feu Miličević ; *Les mets et les boissons chez les anciens Serbes*, par Sima Troïanovitch ; *La vie et les mœurs des paysans serbes*, série dirigée par M. Cvijić et qui comprenait déjà 20 volumes au début de la guerre.

Une série spéciale est formée par les *Matériaux pour l'histoire, la langue et la littérature de la nation serbe*. Elle comprend, notamment, les ouvrages suivants : *Anciens explicit et anciennes inscriptions serbes*, recueillies par Lioubomir Stoïanovitch (3 volumes) ; *Le syntagma de Mathieu Vlastar*, traduction serbe du xiv⁰ siècle, édité par S. Novakovitch ; *La tripartitum* de Verbœczy ; *Extraits des Archives françaises*, par Michel Gavrilovitch (1) ; *Les dialectes de la Serbie orientale et méridionale*, par A. Bélitch ; *Les débuts de la littérature slave chez les Slaves du Balkan*, par S. Novakovitch ; *La culture grecque et la culture slave*, par Vladan Georgevitch ; *La bibliographie française des Serbes et des Croates*, par N. S. Petrovitch ; *Catalogue des manuscrits et des incunables de l'Académie*, par L. Stoïanovitch ; *Fondements de la géographie et de la géologie de la Serbie*, par J. Cvijić ; *Les lacs de la Macédoine, de la Vieille Serbie et de l'Epire*, par le même ; *Atlas géologique de la Macédoine et de la Vieille Serbie*, par le même ; *L'Omladina* (2) *et sa littérature*, par I. Skerlitch ; *L'histoire dans les épopées relatives à Marko Kraliévitch* ; par L. Tomić ; *La littérature serbe du XVIII⁰ siècle*, par I. Skerlitch ; *La Serbie pendant la guerre de Turquie* (1788-1790), par D. Pavlovitch ; *Le comte Georges Brankovitch et son temps*, par Iovan Radonitch (3).

Au moment où elle se trouvait dispersée, l'Académie se préoccupait d'un nouveau dictionnaire de la langue serbe dont elle a même publié un spécimen ; ce dictionnaire aurait complété celui de l'Académie de Zagreb dont nous avons parlé plus haut.

Louis LEGER.

(1) M. Gavrilovitch est un ancien élève de notre Ecole Normale.

(2) Omladina, La jeunesse ; on appelait ainsi une société qui rêvait l'union de tous les pays serbes sous une dynastie nationale.

(3) Cf. un compte rendu détaillé de cet ouvrage dans mon volume : *Serbes, Croates et Bulgares* (p. 19-32, Maisonneuve, 1913).

Pour mieux connaître
les Yougoslaves

Dernièrement s'est développé en Yougoslavie (Royaume des Serbes, Croates et Slovènes) un mouvement universitaire dont on ne saurait assez démontrer les heureuses conséquences. Les professeurs des Universités de Belgrade, Zagreb et Lioubliana se concertèrent pour proclamer la communauté scientifique et nationale de toutes les académies yougoslaves, pour adopter un seul plan d'action, pour élaborer une loi unique relative à leur organisation et à leur activité. Une commission, formée de professeurs serbes, croates et slovènes, fut chargée d'en trouver les formules définitives. Dans une harmonie que rien n'ébranla, elle accomplit son œuvre. Dorénavant, en Yougoslavie il n'y aura, en somme, qu'une seule Université avec ses amphithéâtres, ses salles d'étude, ses instituts, ses laboratoires, ses bibliothèques à Belgrade, à Zagreb, à Lioubliana, à Skoplié et à Soubotitza (1). Un professeur de l'Université de Zagreb ou de Lioubliana pourra venir à celle de Belgrade faire un cours d'un ou plusieurs semestres et jouira des mêmes droits que ses collègues de Belgrade ; un professeur de l'Université de Belgrade pourra en faire autant à Zagreb et à Lioubliana. Les étudiants inscrits à une des trois Universités sont considérés par ce fait même comme étudiants de toutes les trois.

Les intellectuels yougoslaves, une fois de plus, se mettent à la tête d'un mouvement utile au peuple. Lorsqu'il fallut propager l'Idée Yougoslave, que nos ennemis voulaient étouffer, les littérateurs, les professeurs, les poètes, les journalistes en furent les premiers militants. Aujourd'hui que cette idée a fait son chemin et que l'union nationale et étatique yougoslave s'est accomplie, notre peuple a besoin d'une unification serrée au point de vue moral, scientifique, économique, littéraire, artistique. Il ne peut atteindre à ses destinées que par un effort commun, harmonieux, uni des douze millions de Yougoslaves tous ensemble. La force créatrice dont la nature a doté notre

(1) Nous puisons ces renseignements dans un article paru le 22 mars dernier en première page de *Politika* de Belgrade et dû à la plume de M. Stanoïe Stanoïevitch, professeur à l'Université de Belgrade, qui n'est pas inconnu des lecteurs de la *Revue Yougoslave*, des amis français de la Ligue des Universitaire Serbo-Croato-Slovènes et du public français, plusieurs de ses œuvres étant écrites ou traduites en français.

race ne nous mettra au premier rang des peuples que si nous orga-
nisons toutes ses énergies et si nous en utilisons toutes les manifestations. Après notre rôle de sentinelles contre les envahisseurs des
Balkans, nous **en avons un autre à remplir : celui d'une jeune nation qui**
peut contribuer, au moins autant que ses aînées, à l'Œuvre de l'Huma-
nité. D'un pays qui a été **ravagé** par l'esclavage turc et par l'oppres-
sion austro-hongroise nous avons le devoir de faire la patrie de la paix
douce, juste, travailleuse et féconde, un foyer de bonheur, un nid
de civilisation. Notre labeur sur le chemin de cet idéal, si surhumain
qu'il fût, était jusqu'ici entravé par la domination étrangère. La déli-
vrance est arrivée. Dans la liberté, nous rêvons de faire des merveilles.
C'est pour les hâter que les universitaires yougoslaves viennent de
s'unir. A une époque où notre vie culturelle se trouve à un tournant, ils
se mettent, tels les Illyriens de jadis, à la tête pour marcher de l'avant
et entraîner la nation.

Mais qu'on ne se trompe pas sur ces paroles où l'on sent p'aner
l'idéalisme. Malgré notre « âme slave », nous restons positifs ; nous
savons qu'on n'aboutit aux merveilles que par un travail lent, fait de
mille petites besognes. Si nous sommes des rêveurs de temps heureux,
nous ne sommes pas moins des travailleurs pratiques. C'est pour-
quoi dans notre nouvel Etat les écoles, les associations, les savants,
les artistes forgent l'avenir consciencieusement, dans un silence patient
et fructueux, et, chaque jour, ils reculent quelque peu les bornes de
notre civilisation. Nous aimons mieux faire quelques pas sûrs que
des sauts hasardeux. Nous sommes une nation réfléchie, pleine de
scrupules et non pas un peuple de parvenus.

Il y a cent ans, notre culture renaissait après le plus long et le plus
barbare esclavage. Nous recommencions la vie civilisée de nos siècles
d'or. Si l'on regardait l'état de nos villes, bourgades et villages d'il
y a un siècle et celui d'aujourd'hui, on serait étonné de l'immense
progrès. Si l'on comparait nos institutions d'enseignement sous le
règne de Miloche Obrénovitch et celles de notre temps, on consta-
terait une différence géante et l'on ne reconnaîtrait rien de ce passé
maussade. Pour ne pas remonter si loin, si l'on examinait le déve-
loppement de notre science, de notre littérature, de notre peinture,
de notre sculpture et des autres manifestations de l'esprit pendant les
vingt derniers ans, du fameux 1903 à nos jours, on s'émerveillerait des
résultats constants, rapides et considérables que nous avons obtenus.
Ce serait une curieuse histoire à écrire. Elle n'est écrite même en
notre langue que partiellement. A l'étranger, elle est presque ignorée.
On nous permettra une note personnelle dans cette notice qui illus-
trera l'état des choses. L'auteur de ces lignes se rappelle quelques
instants charmants et chagrins qu'il a passés en 1916 dans les locaux

de l'Institut de France. Le très cher maître Louis Leger a bien voulu lui faire l'honneur de le présenter à quelques-uns de ses collègues, de le faire assister à la lecture d'un mémoire sur les dernières découvertes en Indo-Chine et lui faire ressentir, par ses paroles brèves mais expressives, le passé rempli de science que respirait cette partie de l'Institut ; c'était le côté exquis. Voici le côté pénible. Toujours paternellement taquin, le maître Leger racontait les souvenirs qu'il emporta de son voyage en Serbie. Les aventures de Milan Obrénovitch l'avaient amusé, mais la conduite négligée de ce roi envers les étrangers l'avait fâché. Son séjour à Belgrade lui avait laissé une impression médiocre. La réaction politique qui y régnait étouffait la vie intellectuelle. Les savants se renfermaient dans leurs cabinets de travail et se préparaient pour une époque plus propice à la science. On n'en voyait presque pas. Resté sur cette impression, M. Leger ne se souvenait en 1916 que de notre glorieuse poésie populaire et de notre prospérité économique. Le vaste progrès accompli dans tous les domaines de notre activité intellectuelle dans le dernier quart du XIXᵉ siècle et dans les quinze premières années du XXᵉ restait ignoré même pour ce patriarche des slavistes français. « Vi sté pesnitzi i govédari » (« Vous êtes des poètes et des bouviers »), me disait-il amicalement en résumant son opinion dans cette phrase plaisante où le sourire d'une tendre amitié se mêlait à un reproche sévèrement esquissé. Ailleurs, cette taquinerie m'eût paru peut-être sans conséquence ; sous la Coupole, elle me fit penser à la foule de nos géographes, de nos historiens littéraires, de nos historiographes, de nos linguistes, de nos naturalistes, de nos archéologues ; de nombreux noms de nos savants se précipitaient et se pressaient dans mes pensées : le Dʳ Michel Vouillitch, le Dʳ Michel Petrovitch, le Dʳ Milovan Milovanovitch, Yovan Jouillovitch, Andra Stéfanovitch, le Dʳ Draja Pavlovitch, Slobodan Yovanovitch, Lioubomir Stoïanovitch, Bogdan Popovitch, le Dʳ Michel Gavrilovitch, Yovan Tzviyitch, le Dʳ Alexandre Bélitch, le Dʳ Yovan Radonitch, le Dʳ Yovan Skerlitch, etc., etc. « Non, non, cher Maître — me révoltai-je — nous sommes sortis de cette période où seuls nos poèmes populaires et nos costumes nationaux intéressaient l'Europe. Et s'il y a une chose dont nous sommes fiers, c'est la pulsation de notre vie intellectuelle, c'est notre civilisation ressuscitée après plusieurs siècles et épanouie avec une force éblouissante dans les premiers lustres de ce siècle qui nous apporte enfin toute la liberté. » M. Leger sourit alors indulgemment à cet amour-propre national. Depuis, il fit plus. A l'Institut de France, il a communiqué une notice sur la vie académique des Yougoslaves. Après avoir découvert tant d'autres domaines de recherches relatives aux Slaves, il a donné sur ce point aussi le premier coup de pioche.

La communication de M. Leger a été publiée dans la très instructive revue : le *Journal des Savants*, (paraissant à Paris sous les auspices de l'Académie des Inscriptions et Belles-Lettres). Nous devons à l'auteur le plaisir de la reproduire dans nos *Questions Contemporaines*. Au moment où, sous la présidence de M. Yovan Jouillovitch (1), l'Académie des Sciences de Belgrade reprend sa vie si activement et où l'Académie des Sciences et des Beaux-Arts de Zagreb développe son travail, l'article de M. Leger a une brûlante actualité. Nous souhaitons vivement qu'il soit suivi de bien d'autres. Les télégrammes tendancieux que la propagande de nos ennemis continue à répandre dans une partie de la presse française nous dénigrent trop pour que nous n'ayons pas besoin des études par lesquelles les savants compétents présenteront sous une lumière favorable la fiévreuse activité de la Yougoslavie pour se mettre au niveau des pays moins éprouvés.

A. ARNAOUTOVITCH,
rédacteur en chef de la *Revue Yougoslave*.

(1) A l'instant où nous lisons les épreuves, nous apprenons que M. Jouillovitch, après avoir servi l'Académie même au delà de la limite de délai usuel, cède la présidence à M. Yovan Tzviyitch, éminent géographe, dont le nom est un des plus connus dans le monde universitaire français.

PARIS. — SOC. GÉNÉR. D'IMPR. ET D'ÉDIT., 71, RUE DE RENNES.